蔡 程◎编 著

南 岳 衡 山 紫 竹 林 道 院 的 道 与 诗

# 天地

# 清静

# 引言：影像背后之"道"

今年4月的一个下午，我坐在紫竹林道院慈航殿前，仰望烟雨迷蒙的天空，对面山头的寺塔隐约可见。这样的天气已经持续了三天。殿堂内地面上的水可以淹过小学生的生字本，对于常年生长生活在北方的我，这像是一场水灾。在殿堂前的走廊里可以感受到似有温和的春风吹来，尽管是带着雨水的，但走进屋内，湿冷的空气笼罩着整个房间，不禁叫人唏嘘一声打个寒战，转身又跑出房门。

我是利用业余时间来这里做田野课题的，岗位工作很难允许我做过多停留，尽管在我看来是在坚持一项很有意义的工作。道院的李道长对中医养生很感兴趣，出家后除每日功课外又研学道医，主要读《黄帝内经》《周易》等古籍经典，偶尔还用六壬做预测游戏。据说六壬预测很有意思，还可以预测天气，我怀着试试看的心态，去殿堂找她，想问问天气明日晴否，云海能否出现。李道长看看我："蔡老师你信吗？"我说当然信，要不怎么能住在庙里，还能做这么多事呢！她说："那倒是，那就晚上吧，现在香客多，庙里白天也太忙，晚上山门关了我试一下，反正是小游戏，准不准我也不知道，你可别当真啊！"傍晚的紫竹林是一天中最美的时光，尤其是夏季的晴天。天空淡淡的蓝色上偶有几块白云，像用画笔抹上去的；空气通透得让人怀疑自己的眼睛；漫山郁郁葱葱，漫步在后山的石阶路上，几十米高的苍松翠杉密布左右，仿佛可以闻到绿色的味道；淡淡的树荫洒在道长白色的衣衫上，远处是层层的山峦，这岂止是一幅画？似乎已不是在人间！

　　在梅雨季节，散步山林当然是有些困难的，由于下雨，下午4点钟以后，朝山的香客和游客就很少了，接近5:30的时候，在财神殿值殿的刘道长起身关闭了山门。晚斋5:30开始，以敲钟为准，钟声一响，道友们就纷纷到斋堂用饭，一年四季如此。紫竹林道院常住道长不多，除当家的朱道长外，一般常住出家道士也就三五位，还有常来庙里做义工的居士两三位，加上负责种菜、做饭、卫生等的工作人员两三位，常住总共也就十几个人，所以每天在香客退去后，显得格外清静。

　　细雨飘落在庙前的竹林里发出沙沙的声音。正当我在院中亭子里发呆的时候，李道长小步跑过来，她说她试着测了一下，可能会让我失望，结果显示，真正的云开天晴要三天以后，至于云海，在

天晴的时候会有，但不会很理想。我问："明早雨能停吗？"她说："不知道，我分析不了那么细，我也只是当个游戏玩玩，你可别当真，还是多关注一下天气预报，如果问明天雨能不能停，按这个季节和现在的天气看，可能会停，不过停不了多久还会下，这个季节就是这样的，经验比预测还准，你就信吧！"说完我们哈哈大笑。当家的朱道长好像听到了我们的笑声，从楼上和我招手说："明天上午趁雨停或雨小的时候我们开车上山，去看云海！"我说："当家的您确定会有云海吗？"她说："看你愁的样子，看上去很好笑，上去看看不就知道了吗？说不定会有呢！"

道院的夜晚静得出奇，躺在床上的我默默回想，我作为一个受过现代教育的艺术工作者，当有疑惑或想达成某个愿望的时候，也会想起来预测，至于信不信，我自己都说不清楚。这就不难理解那些来庙跪拜、祈祷和求签的香客了。他们成群结队有组织有纪律地组成团，有的还统一服装，服装上还印有某某县某某乡某某村朝香团等字样，手持米、油、水果不等，到庙里排队依次跪拜上香，所上香支一律到殿堂外的香炉统一焚烧。他们很自如地组成方阵横成排竖成列，有人领唱，然后众人合唱，不时地变换队形，手舞足蹈，所唱内容大约是我们是哪里的香客向神仙老爷进香，希望神仙老爷保佑风调雨顺家人平安等等，唱念结束后，香客队伍临时解散，有的休息饮水，有的则针对自己的问题和需求继续跪拜。有的求签问卦，年轻一点的多

问自己的婚姻、财运和前途，年长一点的多问子女婚姻财运；有的则诉说愿望并许愿，比如自己父亲母亲身体怎么不好，祈求神仙老爷、观音菩萨大慈大悲救救他们，如果他们病能好，自己愿意带多少多少钱来还愿等等，诉说完毕后烧香，大致过程如此。许各种愿望的都有，大的要子孙升大官发大财挣多少亿，小的如自己脚上的疮快点好，甚至自己家的鸡丢了都希望神仙老爷帮他找回来。简而言之，生活中方方面面，只要是有愿望有需求，他们都会到庙观来向"神仙老爷"诉说求解。

庙堂上的神仙太不容易了，自然界所有的学科他们都得懂，既要当医生又要当政客还要当媒人，不但要协调邻里关系还要帮着找鸡，而且各种口音都要能听得懂，也从不讲条件，供香火钱得办，不供香火钱也得办，三五百得办，三五块也得办，无论多么啰嗦的诉说都不嫌烦，非常有耐心。

道院的生活大致可以分为五个部分。集体诵读早晚功课经，这部分属于日常宗教生活。重要的道教节日集体法会，有的要几个道观联合进行，大多由道教协会组织，这部分属于大型宗教活动，这种宗教活动不经常有。为某个事件、某个人或家庭诵经祈福消灾、超度亡灵等，这部分属于服务性宗教活动，这种宗教活动都要有信仰者祈请，由庙里的当家道长定夺如何举办、什么时间举办等事宜。这三部分都属于集体宗教活动。此外还有日常殿堂值殿，服务于参观游客、香客，每天如此，周而复始。最后一部分也是最玄妙的部分，那就是道士们的修炼生活，这一部分是要拜师传承的，修炼属于个人

内在体验，都是各自用功，所以很少为人所知。

本书的出版，要感谢南岳紫竹林道院的朱当家，没有她的支持和配合是很难实现的。她出家已经30年，是全真道华山派第二十一代弟子。20世纪90年代初从衡山玄都观移居紫竹林后，就一直住在这里，1995年前后她不辞辛苦带领几名道友在原有基础上进行了扩建。她喜欢山林的清修生活，除了参加道教协会的会务工作和集体宗教活动，很少外出。一日三餐、早晚功课，清修静坐，过着一种比较纯粹的宗教生活。紫竹林道院所处位置在衡山半山腰，山门在公路转弯处，两侧树木高大，庙前竹林掩映，黄瓦建筑镶嵌其中，特别有一种深山有道的隐幽感觉。进入山门，院内面积不大，但眼前一片开朗，南台寺寺塔耸立在对面山头，为本已优美

的自然风景又增添了几分人文色彩。往往雨后，常有云气自下而生，树木山峦隐约其中，俨然一片仙境。道长们着长衫而望云海，有着难以形容的意境和超然。虽深居"仙境"但上下山很方便，往来游客有旅游公司的专车，道院也有轿车，主要用于庙内公务。在我看来这样的道院是非常有人文美感的全真道观，既有道教山林的出世之"隐"，又不脱离入世之"俗"。

用艺术摄影的方式，记录一个当代道观的道士和他们的真实生活，生动地展现中国土生土长的道教，在产生近两千年后的生存状态，是我多年从事艺术出版工作的一个想法。在和朱当家结缘后，得到了她的支持和许可。希望通过这些影像让更多的人了解出家人的真实生活，出家人不仅是社会的

一部分，他们的存在还可以看到古老中华文化今天的鲜活，了解中国"道"的玄妙趣味，体会现实生活中道观道士与大自然的和谐美感，从而提升民族文化自信，同时也探索其中局限，增加自身觉知力。当然这只是美好的愿望，是不是能达到，都要留给读者"拍砖""点赞"了。

为了尽量全面地拍摄到更多的内容，这个计划分为四个时段进行。今年4月，是这个计划进行的最后一个时段。无论是道教还是更早的道家，他们都遵循一个根本的宇宙观"道"。要理解、达到、符合"道"的状态或规律，最理想的状态是"天人合一"。"天人合一"当然不是人变成空气飘到空中去了，更不是像神仙剧里人驾一朵白云飞走了，这里讲的"天"是指现实生活中的春夏秋冬、晨午晚夜、阴晴圆缺、风云雷电等时空运转状态。简单说健康地顺应和自如地生活在这些变化的时空中，就是"天人合一"包含的部分，因此这个计划的四个时段选择春、夏、秋、冬四季进行。四季的衡山有着不同的风景，每个季节有着不同的节气时令，道观也有着不同的宗教生活。四季中的每一天都有朝山拜香的香客，还有四面八方的游客。道士们似乎过着重复而单调的世外生活，而每天都面对千千万万不重复的世间面孔，这种单调与繁华交汇在道观的殿堂中，每天都有故事发生，而这些故事背后都有着甚深的文化渊源，探寻这些故事背后的文化，真的是有趣味又有意义，这也是出版本书的一个重要原因。当然了解这些更深远古老的文化并非易事，本书也只是试探而已。

为了给读者留下想象空间，对于影像图片并没有撰写现实意义的图片说明，而是每幅图片并置了一段以"道"为主题的章句或诗词，目的是用文学延展影像空间，用影像意会文学意境，让二者交互传达更多的文化内涵。

诗词这种文学题材在道教中有广泛的应用，在现存的五千多卷的道藏经典中很多都以散文、诗词的方式存在，而且题材广泛，议论散文、叙事散文、赋体散文都有，诗的题材种类也很多，四言、五言、六言、七言、绝句、律诗等数不胜数。词更广泛，不仅有道教题材的词作，还有词牌基于道教神仙故事而创，如《瑶池令》《献仙音》等。唐宋是中国诗词文学的创作高峰时代，有很多著名的诗词大家都有以"道"主题的诗词作品，例如李白（701-762）《江上送女道士褚三清游南岳》"吴江女道士，头戴莲花巾。霓衣不湿雨，特异阳台云。足下远游履，凌波生素尘。寻仙向南岳，应见魏夫人。"李商隐（约813-约858）《七月十八日夜与王郑二秀才听雨后梦作》"初梦龙宫宝焰燃，瑞霞明丽满晴天。旋成醉倚蓬莱树，有个仙人拍我肩……"前者是把生活中的"人"描写如"仙"，后者是梦入仙境的龙宫、蓬莱。这两首都属于文人创作的仙道题材诗歌。

除了文人创作的仙道题材诗歌，还有比较多的是有关修炼内容的诗词，这方面作品多由道士创作。比如吕岩（生卒年不详）就常用《沁园春》

《满庭芳》《酹江月》等词牌创作修炼词，如他的《沁园春》"火宅牵缠，夜去明来，早晚无休。奈今日不知明日事，波波劫劫，有甚来由。人世风灯，草头珠露，我见伤心眼泪流。不坚久，似石中迸火，水上浮沤。休休及早头，把往日风流一笔勾，但粗衣淡饭，随缘度日，任人笑我，我又何求！限到头来，不论贫富，著甚千忙日夜忧。劝少年，把家弃了，海上来游。"再有张伯端（987-1082）的《悟真篇·西江月》"此药至神至圣，忧君分薄难消。调和铅汞不终朝，早睹玄珠形兆。志士若能降炼，何妨在市居朝。工夫容易药非遥，说破人须失笑。"这些都属于修炼内容的道教词。修炼内容的诗词大量使用隐语、比喻的手法著述，著者既要传达修炼的方法和诀窍，又要避免"泄

漏"天机，例如用鼎炉比喻人的身体，乌兔比喻元神与精气，灵堂比喻心脏等。修炼内容的诗词表面看似乎艺术性不高，但其隐喻的内涵却十分深奥，一般很难理解，本书选用了张伯端《悟真篇》中的修炼内容诗词以及孙不二（1119-1182）《女工内丹次第诗十四首》等，读者可试会其意。

除上述两种题材的道教诗词外，还有一种更为广泛的道教游仙诗。游仙诗的渊源可追溯到屈原的《楚辞·远游》，魏晋时期几乎每一位文学家都有游仙诗作，作家范围远远超出了道教领域，而且出现了郭璞（276-324）这样的以游仙诗创作跻身古代优秀文学家之列的诗人，其他著名的还有曹

植（192–232）、嵇康（224–263）、阮籍（210–263）等名家，可见当时游仙诗创作之兴盛。

追求长生不死是古代神仙信仰和道教的根本思想，从燕齐方士寻长生不死之药开始到汉武帝谒见西王母，成仙不死的气氛弥漫整个先秦两汉时代，现存的汉代画像石、画像砖、漆器、铜镜、瓦当等遗存的图形图案中都有大量的神仙故事和活动情形，如"河伯出行""伏羲女娲""仙人骑鹿"等，都洋溢着古人无与伦比的超凡想象。如此广泛的仙道题材艺术表达和大量的游仙诗作，恰恰反映出当时社会的动荡不安和人生疾苦无以释怀，所以游仙诗著者，大都借"游仙诗"倡玄、述道、言志以及表达现实社会不能满足的愿望和难以实现的理想。本书节选了《楚辞·远游》、扬雄（前53–

18）《太玄赋》、魏晋阮籍、南朝陶弘景（456–536）等游仙诗作品。优秀的文艺作品总是在生活的苦难和情绪的波动中产生，这些诗词作品离开其产生的时代，今天读起来又有另一番情境和意蕴。

在概述过本书所选诗词情况后，最后要说一下本书的章节。本书章节并未按四季的时序编排，而是拟用了"天地""清静""玄隐""道化"四个道意名词分为四章，每章下面分别又拟用了三个新的道意名词作为节。这些名词并无实意，也与书内图片没有直接联系，只是一种意象表达。书中诗词与并置图片也无直接联系，而是互为延展，营造另一种读阅氛围。之所以采用这种没有直接联系的矛盾关系编排本书，也是受了道教思想的启发。老子强之曰名的"道"，作为形而上的存在贯穿于

"天地人"三才所有关系之中。道教创立至今已近两千年，今天现实生活中的道士有形无形间都遗存着"道"这一中国古文明的基因之一。本书试图在其有限的生活中截取真实而又优美的画面，借诗词的文学延展，用有哲学意义的道意名词，传达一种可以意想的感受，这种感受和意想每个人都不同，这也是其玄妙有趣之处。为了不破坏这种感受，本文和书中都未对这些道意名词做出解释，还有本书的书名，也有文不搭意、意不搭题的嫌疑，我想把这些都作为本书虚的部分保留，算是一种探索吧。

紫竹林道院位于衡山半山亭索道站上山路方向约300米位置，我没有等到验证预测是否准确的三天后，就踏上归京的旅途，幸运的是第二天清晨趁雨暂停的工夫，朱当家带我和几个道友上了山，

在车子转过最后一个山路弯道，驶上南天门祖师殿前的平台时，我们领略了衡山的奇妙，山下烟雨蒙蒙，山上却是朗朗晴空，云海浩瀚，幻起幻灭！翻开这些凝固在镜头中的画面，仿佛还能闻到当时的气息。

蔡程2016年9月于北京 拈星庐

15

# 天地

人法地，地法天，天法道，道法自然。

道自虚无生一气　氣　便从一气产阴阳

落魄红尘四十春，无为无事信天真。

生涯只在乾坤鼎，活计惟凭日月轮。

八卦气中潜至宝，五行光里隐元神。

桑田改变依然在，永作人间出世人。

唐 吕岩（生卒年不详）修真诗

春尽闲闲过落花，一回舞剑一吁嗟。

常忧白日光阴促，每恨青天道路赊。

本志不求名与利，元心只慕水兼霞。

世间万种浮沉事，达理谁能似我家。

唐 吕岩 修真诗

自隐玄都不记春，几回沧海变成尘。

玉京殿里朝元始，金阙宫中拜老君。

闷即驾乘千岁鹤，闲来高卧九重云。

我今学得长生法，未肯轻传与世人。

唐 吕岩 修真诗

学道初从此处修，

断除贪爱别娇柔。

长守静，

处深幽，

服气餐霞饱即休。

唐 吕岩 渔父词·自无忧

名也忧，利也忧，名利牵绊几时休。

君不见堆金积玉，富比王侯，总用不着机谋，又不见汉代班超。

万里封侯，皆因祖泽流。

告世人，何必丢身拚死费营求，到后来劫夺成雠。

嗏，雪夜昏昏，有水难流。

不如归去，别寻好事，到与世无尤。

唐 吕岩 觉世歌

12

草木阴阳亦两齐，若还阙一不芳菲。

初开绿叶阳先倡，次发红花阴后随。

常道即兹为日用，真源返此有谁知。

报言学道诸君子，不识阴阳莫乱为。

宋 张伯端（987—1082） 悟真篇·七言四韵

瑶池上，瑞雾霭群仙。素练金童锵凤板，青衣玉女啸鸾弦。身在大罗天。

沉醉处，缥缈玉京山。唱彻步虚清燕罢，不知今夕是何年。海水又桑田。

唐 吕岩 望江南

精养灵根气养神，此真之外更无真。

神仙不肯分明说，迷了千千万万人。

唐 吕岩 七言绝句

冲虚冥至理，体道自玄通。

不受子阳禄，但饮壶丘宗。

冷然竟何依，挠挑游大空。

未知风乘我，为是我乘风。

唐 吴筠（？ —778） 高士咏·冲虚真人

山中何所有，岭上多白云。只可自怡悦，不堪持赠君。

南北朝 陶弘景（456—536） 游仙诗

身外復有身，非关幻术成；

圆通此灵气，活泼一元神；

皓月凝金液，青莲炼玉真；

烹来乌兔髓，珠皎不愁贫。

金 孙不二（1119—1182） 女功内丹次第诗·出神

醉卧山坞里，阴晴鸟语中。

静闻流水曲，闲拾落花红。

密竹堪遮日，重帘为障风。

一瓢姑自得。俯仰任天公。

八卦气中潜至宝　机　五行光里隐元神

不用梯媒向外求，

还丹只在体中收。

莫言大道人难得，

自是功夫不到头。

唐 吕岩 修真诗

黄帝术，玄妙美金花。

玉液初凝红粉见，乾坤覆载暗交加。

龙虎变成砂。

唐 吕岩 忆江南

一片清虚境，浮云何处来。萧窗勤拂拭，徐步上春台。

唐 吕岩 明心

松柏应长春，幽人卧竹林。清心成一点，静里觅天真。

唐 吕岩 养性

莫道幽人一事无，闲中尽有静工夫。

闭门清昼读书罢，扫地焚香到日晡。

唐 吕岩 七言绝句

心空道亦空，风静林还静。卷尽浮云月自明，中有山河影。

供养及修行，旧话成重省。豆爆生莲火里时，痛拨寒灰冷。

唐 吕岩 卜算子

一种清闲属我徒，百般冷淡脱尘拘。

白芽茶沸穿心碓，黄熟香喷索耳炉。

村外丹枫颜独厚，篱边黄菊意全孤。

穷通寿夭皆前定，何用劳劳殚此躯。

唐 吕岩 醒世诗

昔之得一者，天得一以清，地得一以宁，神得一以灵，谷得一以盈，万物得一以生，侯王得一以为天下正。

其致之也，天无以清，将恐裂；地无以宁，将恐废；神无以灵，将恐歇；谷无以盈，将恐竭；万物无以生，将恐灭；侯王无以正，将恐蹶。

故贵以贱为本，高以下为基。是以侯王自称孤、寡、不穀。此非以贱为本耶？非乎？故至誉无誉。是故不欲琭琭如玉，珞珞如石。

春秋 老子（约前571—472）《道德经》第三十九章

依峰形似镜，构岭势如连。

映林同绿柳，临池乱百川。

壁苔终不落，丹字本难传。

迈有东明上，来游皆羽仙。

萧雉（生卒年不详） 赋得翠石应令诗

瑞雪缤纷庆此辰，晓窗乍启画图新。

青山不老头先白，金屋摇光色变银。

匝地鸦飞同泼墨，漫天鹤舞堕修翎。

儿童赤手寻欢笑，堆积琼花塑玉麟。

天长地久。天地所以能长且久者，以其不自生，故能长生。

是以圣人后其身而身先，外其身而身存。非以其无私耶？故能成其私。

春秋 老子 《道德经》第七章

风生时有籁 時 云起乍成峰

此药至神至圣，忧君分薄难消。

调和铅汞不终朝，早睹玄珠形兆。

志士若能降炼，何妨在市居朝。

工夫容易药非遥，说破人须失笑。

宋 张伯端 悟真篇·西江月

清露被皋兰，凝霜沾野草。

朝为美少年，夕暮成丑老。

自非王子晋，谁能常美好？

三国 阮籍（210—263） 咏怀

56

修行混俗且和光，

圆即圆兮方即方。

显晦逆从皆莫测，

教人争得见行藏。

宋 张伯端 《悟真篇》绝句

静坐南窗畔，悠然见落花，

有童随膝下，无酒问邻家。

风送松间韵，云开暮色霞，

黄庭读未了，帘外月初斜。

唐 吕岩 山居诗

白虎首经至宝，华池神水真金。

故知上善利源深，不比寻常药品。

若要修成九转，先须炼己持心。

依时采去定浮沉，进火须防危甚。

宋 张伯端 悟真篇·西江月

诗曲文章，任汝空留，数千万篇。奈日推一日，月推一月，今年不了，又待来年。

有限光阴，无涯火院，只恐蹉跎老却贤。贪痴汉，望成家学道，两事双全。

凡夫只恋尘缘。又谁信壶中别有天。这道本无情，不亲富贵，不疏贫贱，只要心坚。

不在劳神，不须苦行，息虑忘机合自然。长生事，待明公放下，方可相传。

唐 吕岩 沁园春前调

夫大道不称，大辩不言，大仁不仁，大廉不嗛，不勇不忮。

道昭而不道，言辩而不及，仁常而不成，廉清而不信，勇忮而不成。

五者圆而几向方矣。故知止其所不知，至矣。孰知不言之辩，不道之道？

若有能知，此之谓天府。

注焉而不满，酌之而不竭，而不知其所由来，此之谓葆光。

战国 庄周（约前 369—286） 庄子·齐物论第二

春暖群花半开，逍遥石上徘徊。

独携玉律丹诀，闲踏青莎碧苔。

古洞眠来九载，流霞饮几千杯。

逢人莫话他事，笑指白云去来。

方宅十余亩，草屋八九间，榆柳荫后檐，桃李罗堂前。

暖暖远人村，依依墟里烟。狗吠深巷中，鸡鸣桑树巅。

户庭无尘杂，虚室有余闲，久在樊笼里，复得返自然。

东晋 陶渊明 （？—427） 《归园田居》五首之一

著意黄庭岁久，留心金碧年深。

为忧白发鬓相侵，仙诀朝朝讨论。

秘要俱皆览过，神仙奥旨重吟。

至人亲指水中金，不负平生志性。

唐 吕岩 西江月

大道渊源，高真隐秘，风流岂可知闻。先天一气，清浊自然分。

不识坎离颠倒，谁能辨金木浮沉。幽微处，无中产有，涧畔虎龙吟。

壶中真造化，天精地髓，阴魄阳魂。运周天水火，燮理寒温。

十月脱胎丹就，除此外皆是旁门。君知否，尘寰走遍，端的少知音。

唐 吕岩 满庭芳

74

德与道其孰宝兮，名与身其孰亲？陂山谷而闲处兮，守寂寞而存神。

夫庄周之钓鱼兮，辞卿相之显位。于陵子之灌园兮，似至人之仿佛。

盖隐约而得道兮，羌穷悟而入术；离尘垢之窈冥兮，配松乔之妙节。

惟吾志之所庶兮，固与俗其不同。既倜傥而高引兮，愿观其从容。

汉　冯衍　显志赋

道可受兮，而不可传。其小无内兮，其大无垠。毋滑而魂兮，彼将自然；

壹气孔神兮，于中夜存。虚以待之兮，无为之先；庶类以成兮，此德之门。

战国 屈原 （约前 340—278） 远游

吾生也有涯，而知也无涯。以有涯随无涯，殆已。

已而为知者，殆而已矣。为善无近名，为恶无近刑，

缘督以为经，可以保身，可以全生，可以养亲，可以尽年。

战国 庄周 庄子·养生主第三

黄芽白雪不难寻，达者须凭德行深。

四象五行全借土，三元八卦岂离壬。

炼成灵质人难识，消尽阴魔鬼莫侵。

欲向人间留秘诀，未逢一个是知音。

宋 张伯端《悟真篇》七言律诗

84

清静

清心成一点，静里觅天真

藥

潭底日红阴怪灭　　山头月白药苗新

汉武清斋读鼎书，

内官扶上画云车。

坛上月明宫殿闭，

仰看星斗礼空虚。

唐　陈羽（生卒年不详）　步虚词

世上何人会此言，休将名利挂心田。

等闲倒尽十分酒，遇兴高吟一百篇。

物外烟霞为伴侣，壶中日月任婵娟。

他时功满归何处，直驾云车入洞天。

偃月炉中玉药生，

朱砂鼎内水银平。

只因火力调和候，

种得黄芽渐长成。

宋 张伯端《悟真篇》绝句

94

回步游三洞，清心礼七真。

飞符超羽翼，禁火醮星辰。

残药沾鸡犬，灵香出凤麟。

壶中无窄处，愿得一容身。

唐 顾况（生卒年不详） 步虚词

不求大道出迷途，纵负贤才岂丈夫。

百岁光阴石火烁，一生身世水泡浮。

只贪利禄求荣显，不觉形容暗瘁枯。

试问堆金等山岳，无常买得不来无。

阴符宝字逾三百，

道德灵文止五千。

今古上仙无限数，

尽从此处达真诠。

宋 张伯端 《悟真篇》绝句

视之不见，名曰夷；听之不闻，名曰希；搏之不得，名曰微。

此三者，不可致诘，故混而为一。

其上不皦，其下不昧。绳绳兮不可名，复归于无物。

是谓无状之状，无物之象，是谓惚恍。迎之不见其首，随之不见其后。

执古之道，以御今之有，能知古始，是谓道纪。

春秋 老子 《道德经》第十四章

休炼三黄及四神，若寻众草便非真。

阴阳得类方交感，二八相当自合亲。

潭底日红阴怪灭，山头月白药苗新。

时人要识真铅汞，不是凡砂及水银。

宋 张伯端 《悟真篇》七言律诗

既得餐灵气，清泠肺腑奇；

忘神无相著，合极有空离；

朝食灵山芋，昏饥採泽芝；

若将烟火混，体不履瑶池。

拂面薰风透碧纱，麦秋天气最堪夸。

亭亭间出翁孙竹，袅袅双开姊妹花。

一派泉声翻白浪，四围山色笼红霞。

问谁幽处寻芳径。低盖茅庵即是家。

佳期方出谷，咫尺上神霄，玉女骖青凤，金童献绛桃；

花前弹绵琵，月下弄琼箫，一旦仙凡隔，冷然渡海湖。

金 孙不二女功内丹次第诗·冲举

静

保神明之清澄兮　　精气入而粗秽除

形穆穆以浸远兮，离人群而遁逸。因气变而遂曾举兮，忽神奔而鬼怪。

时仿佛以遥见兮，精皎皎以往来。……

餐六气而饮沆瀣兮，漱正阳而含朝霞。

保神明之清澄兮，精气入而粗秽除。

战国 屈原 远游

古之人，其知有所至矣。恶乎至？有以为未始有物者，至矣，尽矣，不可以复加矣；其次以为有物矣，而未始有封也；其次以为有封焉，而未始有是非也，是非之彰也，道之所以亏也。道之所以亏，爱之所以成。果且有成与亏乎哉？果且无成与亏乎哉？

战国 庄周 庄子·齐物论第二

至道之精，窈窈冥冥；

至道之极，昏昏默默。

无视无听，抱神以静，形将自正。

必静必清，无劳汝形，无摇汝精，乃可以长生。

目无所见，耳无所闻，心无所知，汝神将守形，形乃长生。

战国 庄周 庄子·在宥

梦谒西华到九天，

真人授我指玄篇。

其间简易无多语，

只是教人炼汞铅。

孔德之容，惟道是从。

道之为物，惟恍惟惚。

惚兮恍兮，其中有象；

恍兮惚兮，其中有物。

窈兮冥兮，其中有精。其精甚真，其中有信。

自古及今，其名不去，以阅众甫。

吾何以知众甫之然哉？以此。

一枝榴火报芳辰，小院风清礼玉真。

香带白云依绿树，神同仙侣降凡尘。

金钟唤醒迷途客，玉磬敲回梦里人。

只恐到头浑不悟，此身常落爱河津。

唐 吕岩 夏日即事

强居此境绝知音，野景虽多不合吟。

诗句若喧卿相口，姓名还动帝王心。

道袍薜带应慵挂，隐帽皮冠尚懒簪。

除此更无馀个事，一壶村酒一张琴。

唐 吕岩 修真诗

黄芽白雪两飞金，行即高歌醉即吟。

日月暗扶君甲子，乾坤自与我知音。

精灵灭迹三清剑，风雨腾空一弄琴。

的当南游归甚处，莫交鹤去上天寻。

唐 吕岩 修真诗

嘉南州之炎德兮，丽桂树之冬荣；

山萧条而无兽兮，野寂寞其无人。

载营魄而登霞兮，掩浮云而上征。

战国 屈原 远游

上士闻道，勤而行之；中士闻道，若亡若存；下士闻道，大笑之；不笑不足以为道。

故建言有之："明道若昧，夷道若纇，进道若退。"

上德若谷，大白若辱，广德若不足，建德若偷，质直若渝。

大方无隅，大器晚成，大音稀声，大象无形。道隐无名。

夫惟道，善贷且成。

自有电雷声震动　動　一池金水向东流

云中楼观翠岹峣，载道飞香远见招。

非有芝兰从地出，略无烟雾只风飘。

玉皇案侧当霄立，王母池边向日朝。

却袖余薰散人世，九天清露海尘飘。

元　虞集（1272—1348）　云州道中数闻异香

紫鸾邀梦到仙家，结佩相逢萼绿华。

翠勺细倾千日酒，蜺旗斜插五云车。

飞琼鬓影含清雾，弄玉箫声隔彩霞。

杜宇无情惊觉后，月痕犹在碧桃花。

明月池边客，山巅塔畔人。

石庵仙隐处，纸拾桂蟾神。

唐 吕岩 示蔡静一

瑶台彩晕献中秋，共向南巢结伴游。

金粟琳琅圆影动，银蟾掩映桂香浮。

何须迭奏霓裳曲，且自频斟碧玉瓯。

诸客不烦忧尽醉，冰桃可解宿醒不。

唐 吕嵒 秋夜

劝君早把利名删，岁月迁移若个闲。

冻馁不侵堪闭户，康强无恙便开颜。

交游合志留青眼，世态忘情付白鹇。

治乱不闻姑自得，何妨载酒看溪山。

不识玄中颠倒颠，争知火里好栽莲。

牵将白虎归家养，产下明珠似月圆。

谩守药炉看火候，但安神息任天然。

群阴剥尽丹成熟，跳出樊笼寿万年。

宋 张伯端 《悟真篇》七言律诗

150

仙人骑白鹿，发短耳何长！

导我上太华，揽芝获赤幢。

来到主人门，奉药一玉箱。

主人服此药，身体日康强。

发白复更黑，延年寿命长。

目前咫尺长生路，多少愚人不悟。

爱河浪阔，洪波风紧，舟船难渡。

略听仙师语，到彼岸只消一句。

炼金丹换了凡胎浊骨。免轮回，三涂苦。

万事澄心定意，聚真阳都归一处。

分明认得灵光真趣，本来面目。

此个幽微理，莫容易，等闲分付。

知蓬莱自有神仙伴侣。同携手，朝天去。

唐 吕岩 水龙吟

秋雨秋风秋更凉，

秋光秋景近重阳。

秋虫遍逐秋园闹，

一片秋声入草堂。

唐 吕岩 重九

万劫千生得个人，

须知先世种来因。

速觉悟，出迷津，

莫使轮回受苦辛。

唐 吕岩 渔父词·病瘥地

九鼎烹煎九转砂，区分时节更无差。

精神气血归三要，南北东西共一家。

天地变通飞白雪，阴阳和合产金花。

终期凤诏空中降，跨虎骑龙谒紫霞。

唐 吕岩 修真诗

164

飞泉流玉山，悬车栖扶桑，

日月径千里，素风发微霜。

势路有穷达，咨嗟安可长。

三国 阮籍 咏怀

寂静无哗地，怡然任所之。

鸟声娇入耳，山色翠掀眉。

门外青天阔，庭中白日私。

久居尘市客，幽雅只今知。

唐 吕岩 山居诗

天涯海角人求我，

行到天涯不见人。

忠孝义慈行方便，

不须求我自然真。

唐 吕岩 七言绝句

玄隐

自隐玄都不记春，几回沧海变成尘

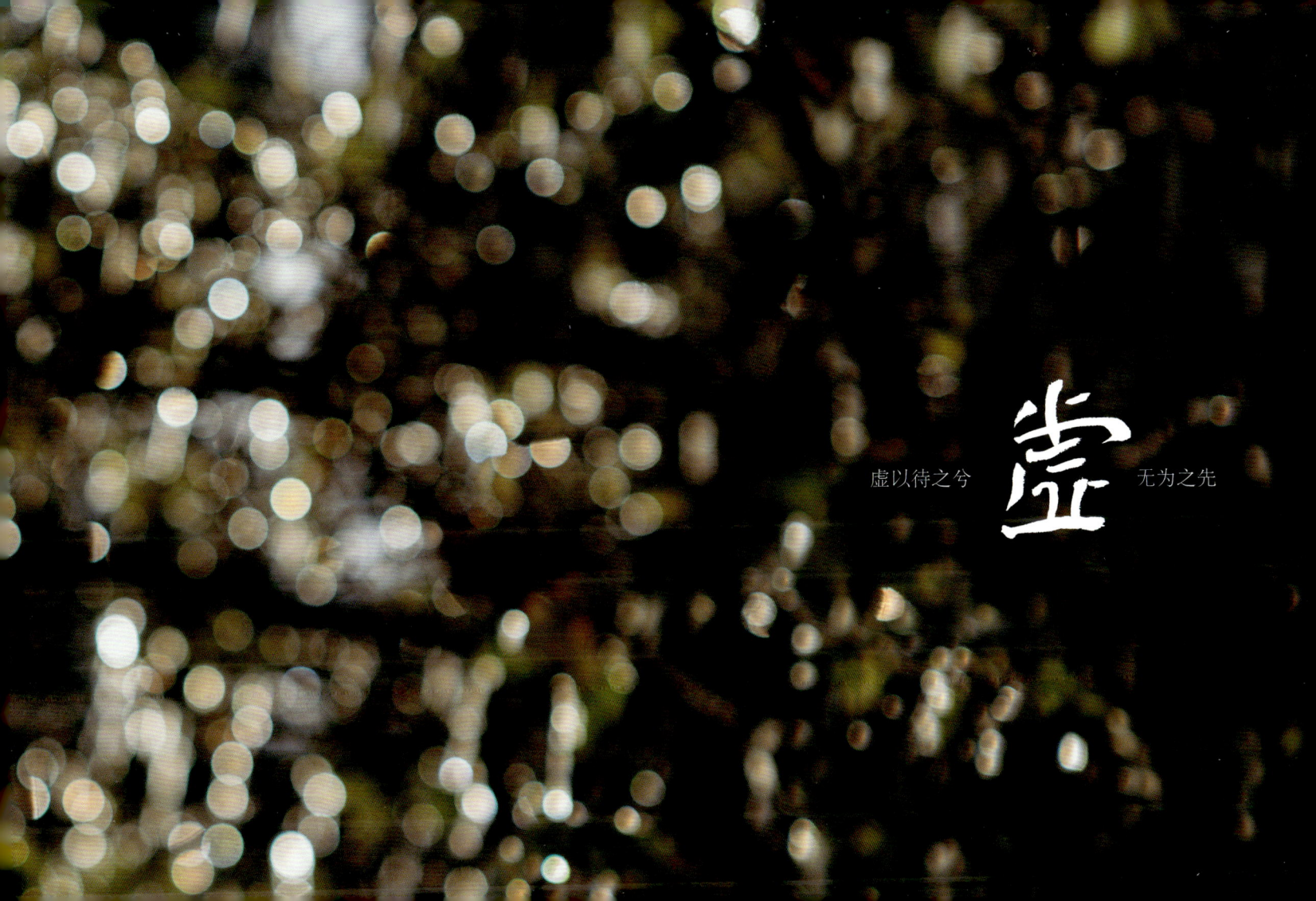

虚以待之兮　　虚　　无为之先

夫道，有情有信，无为无形；可传而不可受，可得而不可见；

自本自根，未有天地，自古以固存；神鬼神帝，生天生地；

在太极之先而不为高，在六级之下而不为深，先天地生而不为久，长于上古而不为老。狶韦得之，以挈天地；伏羲得之，以袭气母；维斗得之，终古不忒；日月得之，终古不息；堪坏得之，以袭昆仑；

冯夷得之，以游大川；肩吾得之，以处太山；黄帝得之，以游云天；

颛顼得之，以处玄宫；禺强得之，立乎北极；西王母得之，坐乎少广。

莫知其始，莫知其终。彭祖得之，上及有虞，下及五伯；

傅说得之，以相武丁，奄有天下，乘东维，骑箕尾，而比于列星。

战国 庄周 庄子·大宗师

学道须教彻骨贫，

囊中只有五三文。

有人问我修行法，

遥指天边日月轮。

唐 吕岩 七言绝句

览方外之荒忽兮，沛罔瀁而自浮。祝融戒而跸御兮，腾告鸾鸟迎伏妃。

张《咸池》奏《承云》兮，二女御《九韶》歌。

使湘灵鼓瑟兮，令海若舞冯夷。云螭虫象并出进兮，形谬虬而逶蛇。

雌蜺便娟以增挠兮，鸾鸟轩翥而翔飞。

音乐博衍无终极兮，焉乃逝以徘徊。

战国 屈原 远游

180

鸿鹄相随飞，飞飞适荒裔。

双翮凌长风，须臾万里逝。

朝餐琅玕实，夕宿丹山际。

抗身青云中，网罗孰能制？

岂与乡曲士，携手共言誓！

纵识朱砂及黑铅，不知火候也如闲。大都全借修持力，毫发差殊不作丹。

宋 张伯端 《悟真篇》绝句

白翎禀灵龟之修寿，资仪凤之纯精。

接王乔于汤谷，驾赤松于扶桑。

餐灵岳之琼蕊，吸云表之露浆。

东汉 王粲 （177—217） 白鹤赋

冬至初阳来复，三旬增一阳爻。

月中复卦朔晨超，望罢乾终始兆。

日又别为寒暑，阳生复起中宵。

午时姤象一阴朝，炼药须知昏晓。

宋 张伯端 悟真篇　西江月

亦有飘泠之气，不疾不徐，

飀飀微扇，亹亹清舒。

王乔以之控鹤，列子以之乘虚。

东晋　湛方生（生卒年不详）　风赋

恍惚之中寻有象，

杳冥之内觅真精。

有无由此自相入，

未见如何想得成。

我自忘心神自悦，跨水穿云来相谒。

不问黄芽肘后方，妙道通微恙生说。

唐 吕岩 七言绝句

朝泛苍梧暮却还，

洞中日月我为天。

匣中宝剑时时吼，

不遇同人誓不传。

唐 吕岩 七言绝句

修

琼章开后学　　稽首奉真经

不负三光不负人，

不欺神道不欺贫。

有人问我修行法，

只种心田养自身。

唐 吕岩 七言绝句

时人若拟去瀛洲，

先过巍巍十八楼。

自有电雷声震动，

一池金水向东流。

唐 吕岩 七言绝句

气为还元正，心由抱一灵。

凝神归罔象，飞步入青冥。

整服乘三素，旋纲蹑九星。

琼章开后学，稽首奉真经。

北宋 徐铉 (916—991) 步虚词

万卷仙经语总同，金丹只此是根宗。

依他坤位生成体，种在乾家交感宫。

莫怪天机都泄漏，只缘学者自愚蒙。

若人了得诗中意，立见三清太上翁。

古之善为士者，微妙玄通，深不可识。夫唯不可识，故强为之容：

豫兮若冬涉冰，犹兮若畏四邻，俨兮其若客，涣兮若冰将释，

敦兮其若朴，旷兮其若谷，浑兮其若浊。

孰能浊？以静之徐清。孰能安？以动之徐生。

保此道者不欲盈。夫唯不盈，故能蔽不新成。

春秋 老子 《道德经》第十五章

小乾坤里大乾坤，

中有吾家不二门。

劝汝世间求道客，

休从尘海走浑浑。

元 张三丰（生卒年不详） 题梦九院中

吾身未有日，一气已先存；

似玉磨逾润，如金炼岂昏？

扫空生灭海，固守总持门；

半黍虚灵处，融融火候温。

金 孙不二 女功内丹次第诗 · 收心

人人自有长生药，自是愚痴枉把抛。

甘露降时天地合，黄芽生处坎离交。

井蛙应谓天龙窟，篱鷃争知有凤巢。

丹熟自然金满屋，何须寻草学烧茅。

宋 张伯端 《悟真篇》 七言律诗

横笛声沉，倚危楼红日，江转天斜。

黄尘边，火澒洞，何处吾家。

胎禽怨，夜来乘风，玄露丹霞。

先生笑，飞空一剑，东风犹自天涯。

情知道山中好，早翠嚣含隐，瑶草新芽。

清溪故人信断。梦飚车。

乾坤星火，归来了煮石煎砂。

回首处，幅巾蒲帐，云边独是桃花。

唐 吕岩 汉宫春

不识玄中颠倒颠　玄　争知火里好栽莲

举世人生何所依，

不求自己更求谁。

绝嗜欲，断贪痴，

莫把神明暗里欺。

唐 吕岩 渔父词·方契理

四象会时玄体就，

五方行处紫光明，

脱胎入口通神圣，

无限神龙尽失惊。

宋 张伯端 《悟真篇》 绝句

要知炼养还丹法，

自向家园下种栽。

不假吹嘘并着力，

自然果熟脱灵胎。

宋 张伯端 《悟真篇》绝句

雪山一味好醍醐，

倾入东阳造化炉。

若遇昆仑西北去，

张骞使得见麻姑。

莫怪瑶池消息稀，

只缘尘事隔天机。

若人寻得水中火，

有一黄童上太微。

唐 吕岩 修真诗

玉走金飞两曜忙，始闻花发又秋霜。

徒夸铢寿千来岁， 也似云中一电光。

一电光，何太速，百年都来三万日。

其间寒暑互煎熬，不觉童颜暗中失。

纵有儿孙满眼前， 却成恩爱转牵缠。

及乎精竭身枯朽，谁解教君暂驻延。

暂驻延，既无计，不免将身归逝水。

但看古往圣贤人， 几个解留身在世。

宋 张伯端 赠白龙洞刘道人歌

本是无为始，何期落后天；

一声才出口，三寸已司权；

况被尘劳耗，那堪疾病缠；

子肥能益母，休道不回旋。

金 孙不二 女功内丹次第诗·养气

独上高峰望八都，

黑云散后月还孤。

茫茫宇宙人无数，

几个男儿是丈夫。

唐 吕岩 七言绝句

七返还丹，在人先须炼己待时。

正一阳初动，中宵漏永，温温铅鼎，光透帘帷。

造化争驰，龙虎交媾，进火功夫牛斗危。

曲江上，见月华莹净，有个乌飞。

当时自饮刀圭，又谁信无中养就儿。

辩水源清浊，木金间隔，不因师指，此事难知。

道要玄微，天机深远，下手速修犹太迟。

蓬莱路，仗三千行满，独步云归。

唐 吕岩 沁园春前调·赠崔进士

# 道化

我愿众生登寿城，仙泉端为老人香。

忠孝义慈行方便　慈　不须求我自然真

九丹开石室，三径没荒林。

仙人翻可见，隐士更难寻。

篱下黄花菊，丘中白雪琴。

方欣松叶酒，自和游山吟。

南北朝 庾肩吾 （487—551） 赠周处士

清露为凝霜，华草成蒿莱。

谁云君子贤，明达安可能。

乘云招松乔，呼吸永矣哉。

三国 阮籍 咏怀

隐沦游少海，神仙入太华。

我有逍遥趣，中园复可嘉。

千株同落叶，百尺共寻霞。

南北朝 萧纲 临后园诗

山前江水流浩浩，山上苍苍松柏老。舟中行客去纷纷，古今换易如秋草。

空山楼观何峥嵘，真人王远阴长生。飞符御气朝百灵，悟道不复诵《黄庭》。

龙车虎驾来下迎，去如旋风搏紫清。真人厌世不回顾，世间生死如朝暮。

学仙度世岂无人，餐霞绝粒长苦辛。冷然成风驾浮云，超世无有我独存。

北宋 苏轼（1037—1101） 留题仙都观

266

何处同仙侣，青衣独在家。

暖炉留煮药，邻院为煎茶。

画壁灯光暗，幡竿日影斜。

殷勤重回首，墙外数枝花。

唐 鱼玄机（844—871） 访赵炼师不遇

未炼还丹莫隐山，

山中内外尽非铅。

此般至宝家家有，

自是时人识不全。

宋　张伯端　《悟真篇》绝句

敛息凝神处，东方生气来；

万缘都不著，一气复归台；

阴象宜前降，阳光许后栽；

山头并海底，雨后一声雷。

缚虎归真穴，牵龙渐益丹；

性须澄似水，心欲静如山；

调息收金鼎，安神守玉关；

日能增黍米，鹤发复朱颜。

吾今本住在天齐，

零落白云锁石梯。

来往八千消半日，

依前归路不曾迷。

唐 吕岩 七言绝句

艅艎何泛泛，空水共悠悠。

阴霞生远岫，阳景逐回流。

蝉噪林逾静，鸟鸣山更幽。

此地动归念，长年悲倦游。

南北朝 王籍（生卒年不详） 入若耶溪

278

乘风高逝，远登灵丘。

托好松乔，携手俱游。

朝发太华，夕宿神州。

弹琴咏诗，聊以忘忧。

三国 嵇康（224—263） 赠兄秀才入军

放浪林泽外，披发师岩穴。

仿佛若士姿，梦想游列缺。

登岳采五芝，涉涧将六草。

散发荡玄溜，终年不华皓。

静叹亦何念，悲此妙龄逝。

在世无千月，命如秋叶蒂。

兰生蓬芭间，荣曜常幽翳。

晋 郭璞（276—324） 游仙诗

昔有神仙士，乃处射山阿。

乘云御飞龙，嘘噏叽琼华。

可闻不可见，慷慨叹咨嗟。

自伤非俦类，愁苦来相加。

下学而上达，忽忽将如何！

千株同落叶 愿 百尺共寻霞

胎息绵绵处，须分动静机；

阳光当益进，阴魄要防飞。

潭里珠含景，山头月吐辉；

六时休少纵，灌溉药苗肥。

晨风被庭槐，夜露伤阶草。

雾苦瑶池黑，霜凝丹墀皓。

疏条索无阴，落叶纷可扫。

安得紫芝术，终然获难老。

南北朝 萧统（501—531） 拟古

此个事，世间稀，不是等闲人得知。

夙世若无仙骨分，容易如何得遇之。

得遇之，宜便炼， 都缘光景急如箭。

要取鱼时须结罾，莫只临川空叹羡。

闻君知药已多年，何不收心炼汞铅。

莫教烛被风吹灭，六道轮回莫怨天。

宋 张伯端 赠白龙洞刘道人歌

大冶成山泽，中含造化情；

朝迎日乌气，夜吸月蟾精；

时候丹能採，年华体自轻；

元神来往处，万窍发光明。

出门望佳人，佳人岂在兹？

三山招松乔，万事难与期。

存亡有长短，慷慨将焉知？

忽忽朝日隤，行行将何之？

不见季秋草，摧折在今时！

三国 阮籍 咏怀

300

要得丹成速，先将幻境除；

心心守灵药，息息返乾初。

气复通三岛，神忘合太虚；

若来与若去，无处不真如。

金 孙不二 女功内丹次第诗·胎息

一半玄机悟，丹头如露凝；

虽云能固命，安得炼成形。

鼻观纯阳接，神铅透体灵；

哺含须慎重，完满即飞腾。

驾言寻飞遁，山路郁盘桓。

芳兰振蕙叶，玉泉涌微澜。

嘉卉献时服，灵术进朝餐。

寻山求逸民，穹谷幽且遐。

清泉荡玉渚，文鱼跃中波。

晋 陆机（261—303） 招隐

生前舍利子，一旦入吾怀；

慎似持盈器，柔如抚幼孩。

地门须固闭，天阙要先开；

洗濯黄芽净，山头震地雷。

仗三千行满 化 独步云归

万事皆云毕，凝然坐小龛；

轻身乘紫气，静性濯清潭；

氣混阴阳一，神同天地三；

功完朝玉阙，长啸出烟岚。

金 孙不二 女功内丹次第诗·面壁

游鱼迎浪上，雏雉向林飞。

远村云里出，遥船天际归。

魏世重双丁，晋朝称二陆。

何如今两到，复似凌寒竹。

南北朝 萧绎 （508—555） 游仙诗

上清琼林台，似有千仞崇。琪树交柯生，瑶草亦成丛。

幻境类玄圃，凝晖接琳宫。天花或时堕，萦纤飏回风。

仙人薛玄卿，手持玉芙蓉。傲睨八极表，洞见万象空。

飞书约王子，弭节延赤松。步虚朗歌咏，流响入云中。

元 陈樵（1278—1365） 琼林台

叠叠春山景万重，庸流何处识天公。

鸢飞老树蟠空翠，鱼跃沈泉惊落红。

柳线满畦谁可织，秧针遍地孰为缝。

玄关参透非难事，须认坚贞一着功。

唐 吕岩 春日即事

乾象刚兮坤德柔，

工夫先向定中求，

澂清一勺瑶池水，

明月何须七宝修。

唐 吕岩 樊云翘夫人诗

此法真中妙更真，都缘我独异于人。

自知颠倒由离坎，谁识浮沉定主宾。

金鼎欲留朱里汞，玉池先下水中银。

神功运火非终旦，现出深潭日一轮。

北宋  张伯端 《悟真篇》七言律诗

华表千年鹤一归，

凝丹为顶雪为衣。

星星仙语人听尽，

却向五云翻翅飞。

唐 刘禹锡（772—842） 步虚词

有物混成，先天地生。

寂兮！廖兮！独立而不改，周行而不殆，可以为天下母。

吾不知其名，字之曰道，强为之名曰大。大曰逝，逝曰远，远曰返。

故，道大，天大，地大，王亦大。域中有四大，而王处一焉。

人法地，地法天，天法道，道法自然。

春秋 老子 《道德经》第二十五章

# 后 记

　　在这本影集出版之际，再次感谢衡山紫竹林道院的朱嘉诚道长。她为本书的拍摄付出了大量时间和辛苦。我是利用节假日业余时间来完成这个项目的，而且时间拉得很长，每次到衡山她都安排交通食宿，以方便我工作。为了配合我拍摄一个比较理想的画面，一天之中往往山上山下跑两三次，拍云海的时候，一等就是几个小时。坐在河边，流水虚化的那张合影，拍摄于张家界金鞭溪，那是12月份的一个下午，河边的石头已经有些凉了，她们坐在石头上本来是随意修息的，但我见画面极美，喊她们不要动。虚化水面的效果，每张照片曝光要40秒左右，为了拍到一张曝光和虚化都比较理想的画面，朱道长和几位道友在石头上足足坐了半个小时，而且每次听我口令后，都要保持1分钟时间丝毫不动，结束后朱道长说，再不结束就要坚持不住了。拍摄一位道人夕阳西下站在广阔天地之中那张照片时，刘道长徒手爬上巨石，四周是竹海深渊，现在想起来还心有余悸。这些影像虽然都是他们的生活，但要拍出这种真实感，却是道长们付出了很多辛苦才得以完成的。除了冒险不说，重要的是我拍摄的照片大部分都是人物背影，而且人很小，道人在画面中只是一种点缀，根本看不出来谁是谁。这真的需要道长们无私无我的奉献精神。本书大部分影像拍摄于紫竹林道院，但立意基于整个南岳衡山，四个时段的拍摄中，还分别得到了南天门曾明清道长、黄庭观文祥通道长的大力支持，由此我们也结下了深厚的友谊。曾明清道长热衷慈善，她所在的南天门祖师殿，收养了好几个孤儿，孩子们的影像在本书中也有收录，我想这是个很好的纪念。

在此我真诚对她们道一声感谢，谢谢她们的支持和信任。道友们没有义务和任务要做这件事，纵然我有再多理由和伟大意义对她们来说都无关紧要，她们是可以推脱的。但她们没有这样做，而是非常认真地配合我完成了所有拍摄，一句感谢在这里显得太轻描淡写了。

本书的出版还要特别感谢黄至安会长，2003年我与黄会长在中国道教协会王宜峨老师办公室结缘，当时我和王老师正值操办纪念老子诞辰活动书画展。之后几年，我与黄会长在道教文化艺术方面的合作颇多，往往都得到她的支持和帮助。每年她到京开代表会，我和王老师都一起去看她，她都热情地接待我们，还送她百忙之中创作的书法作品和湖南道教杂志。非常惭愧的是在拍摄本书期间，一直没机会去拜访她，每次都去也匆匆回也匆匆。不过我想这些都不重要，她更希望我们能在道教文化方面推出更多的精彩作品，而且一直坚持下去。

　　说到王宜峨老师，我和道教的缘分都是由她开启的，和王老师交往十几年来，我们合作出版了有关道教艺术的大型艺术出版项目已不下十种，在此期间我虽以美术编辑、摄影的身份和王老师一起工作，但我觉得她更像我的导师，而且在指导一个外行学生。我原本学美术出身，主要兴趣点都在中国书画上，对于道教艺术了解甚少。十几年的工作中，从哲学思想到具体艺术形式，王老师都对我做了系统而细心的指导，还有她眼快手勤、知之为知之，不知为不知的谦虚学风，都对我有很大影响。对于王老师我不能说感谢，而是要感恩。还有，在本书的思考方式和观察方式上，我还要感谢赵匡为老师在宗教理论上的指导，他在担任我们图书项目主编期间，对宗教和艺术的关系，提出过很多理性的观点和深刻思考，对我来说这都是莫大的财富。

最后要感谢的是紫航文化艺术公司的工作团队，在我抛下工作投入拍摄期间，他们替我分担了大部分工作。在编排过程中，对图片制作和文字编排都精益求精，这当然也是他们的一贯作风。还有五洲传播出版社的同仁，对本书的出版都提了很多指导意见，在此对他们一并表示感谢。

蔡程 2016 年 9 月 14 日记于京西

# 主要参考书目

唐·吕岩著，《吕祖纯阳全书》乾隆原刻本 1982 年影印，皇极出版社，1982 年版。

唐·李白著，清·王琦注，《李太白全集》，中华书局，1977 年版。

衡阳师专史地组，《南岳衡山》，中华书局，1981 年版。

马西沙、韩秉方著，《中国民间宗教史》，上海人民出版社，1992 年版。

卿希泰主编，《中国道教》，知识出版社，1994 年版。

施友义主编，《南岳衡山》，海风出版社，1994 年版。

胡孚琛主编，《中国道教大辞典》，中国社会科学出版社，1995 年版。

熊晓燕著，《中国游仙诗概论》，山西人民出版社，1996 年版。

卿希泰主编，《中国道教史》，四川人民出版社，1996 年版。

刘仲宇著，《中国民间信仰与道教》，东大图书股份有限公司，2003 年版。

张莉琼整理，蒲团子校辑《女子丹法汇编》，中医古籍出版社，2005 年版。

美·韦思谛编，陈仲丹译，《中国大众宗教》，江苏人民出版社，2006 年版。

美·韩明士编，皮庆生译，《道与庶道》，江苏人民出版社，2007 年版。

王沐著，《内丹养生功法指要》，中华书局，2008 年版。

张宏著，《秦汉魏晋游仙诗的渊源流变论略》，宗教文化出版社，2009 年版。

李丰楙著，《忧与游：六朝隋唐仙道文学》，中华书局，2010 年版。

王宜峨著，《中国道教艺术》英文，五洲传播出版社，2011 年版。

胡紫桂主编，李宏伟编著《经典碑帖集字创作蓝本·行书游仙诗选》，湖南美术出版社，2013 年版。

黎志添主编，《十九世纪以来中国地方道教变迁》，三联书店（香港）有限公司，2013 年版。

清·李元度修纂，《南岳志》，岳麓书社，湖湘文库编辑出版委员会 2013 版。

卿希泰著，《简明中国道教史》，中华书局，2013 年版。

春秋·老子著，唐吕岩释义《吕祖秘注道德经心传》，广西师范大学出版社，2014 年版。

宋·张伯端著，翁葆光等注《悟真篇集释》，中央编译出版社，2015 年版。

明·憨山著，梅愚点校《庄子内注篇》，长江出版传媒，崇文书局，2015 年版。

胡国铭主编，《吴楚文化研究》，湖北人民出版社，2015 年版。

饶尚宽译注，《老子》，中华书局，2016 年版。

孙通海译注，《庄子》，中华书局，2016 年版。

赵匡为著，《苍穹流尘》，内部出版，2016 年版。

# 摄影地点

作者简介

蔡程，曾任美术教师，1995-2000年就读于中央工艺美术学院环境艺术成教本科班，后弃学创业，2001年入道，对宗教哲学兴趣浓厚。长期实践中国书画、艺术摄影，为人低调、朴素、喜独处。主张艺术作品要有极致、无限的精神空间，独特系统的艺术审美体系。追求摄影的诗性和画意，并借书法的线性、时序特质表述。从业以来，策划出版书画艺术、宗教艺术等各类艺术出版物项目近百种，出版物多为大型艺术画册，广泛得到社会认可。

**图书在版编目（CIP）数据**

不虚辞 ：南岳衡山紫竹林道院的道与诗 ／ 蔡程编著. —— 北京 ：五洲传播出版社，2016.10

ISBN 978-7-5085-3551-7

Ⅰ．①不… Ⅱ．①蔡… Ⅲ．①道教－寺庙－湖南－摄影集②古典诗歌－诗集－中国 Ⅳ．①K928.75②I222

中国版本图书馆CIP数据核字(2016)第234215号

出 版 人：荆孝敏

编著摄影：蔡 程

责任编辑：王 莉

装帧设计：殷金花

设计承制：北京紫航文化艺术有限公司

**不虚辞** 南岳衡山紫竹林道院的道与诗

出版发行：五洲传播出版社

地　　址：北京市海淀区北三环中路 31 号生产力大楼　邮 编：100088

发行电话：010-82005927 82007837 网　址：www.cicc.org.cn

印　　刷：雅昌文化（集团）有限公司

开　　本：230×150 1/16 印 张：22.5

版　　次：2016 年 10 月第 1 版 2016 年 10 月第 1 次印刷

书　　号：ISBN 978-7-5085-3551-7

定　　价：268.00 元